지어진 밤길과
그 너머 언덕과

지어진 밤길과
그 너머 언덕과

초판 1쇄 발행 2024년 8월 28일

지은이 임명준

펴낸이 임병천
펴낸곳 책나무출판사
출판신고 2004년 4월 22일 (제318-00034)

주소 서울시 영등포구 신길3동 325-70 3F
전화 02-338-1228 **팩스** 0505-866-8254
홈페이지 www.booktree.info

ⓒ 임명준 2024
ISBN 978-89-6339-737-5 03810

*이 책의 판권은 지은이와 책나무출판사에 있습니다.
*양측의 서면 동의 없는 무단 전재 및 복제를 금합니다.
*잘못된 책은 바꿔드립니다.

지어진 밤길과
그 너머 언덕과

임명준 시집

책나무출판사

| 서시 序詩 |

정형시의 정형
산문시의 산문형
자유시의 자유형
형식파괴 시의
형식파괴형
무형식 시의
무형식형

형
刑

형, 이거 무슨 소린지도 모르겠고
일단 읽기 힘들어,
어느 문학평론가보다
명료하고 솔직하던
동생
동료들

그리고
형틀 속에서의
변辯

예술이 급기야 면죄부에
특권에 완장에 왕관
이
된
이 땅의
아집과 압살과 비대한 자아와
낱말이 죽어가는 소리
에

  완성이라는개념에대한집착과완성된작품과완성된자신을
분간하지않는곧스스로어딘가에도달했다는망상을단정지어
진실로규정해버린뒤과정도성장도마치있지않은것이고실상
필요치도않은것이라포장시켜값비싼상품명품으로자신인지
자신의작품인지또는예술로뭉뚱그려진자아와그주변부들을

모조리싸잡아진열대위에올려놓는듯한세태며시대정신이라고해야할지풍조라고해야할지그냥사고방식인지유행인지그런본능인지
   에

   관하여
   나는

   여전히 여기 이곳에서
   펜을
   긁어대고 있습니다.

   죽은 이들과
   아직 그렇지는 않은
   모두에게
   감사하며.

| 목차 |

서시(序詩) · 5

헌시(獻詩)

여명 · 13 / 봄의 자취 · 15 / 낙타 인간 · 16 /
바람의 무늬 · 18 / 생폴 요양원 · 19 / 자판기 · 20

2022~2023년
스크린 도어 너머

내일은 없으나 해는 뜨고 · 25 / 초상 · 27 / 예술가, 백형 · 29 /
아침의 빛 · 31 / 역사를 나오면 막다른 골목 · 33 /
책상 밑 어둠 · 35 / 흙과 먼지를 위한 인고 · 36 /
어지러뜨리다 · 38 / 지상에서 · 40 / 연초 · 42 / 시인의 마을 · 44

2016~2017년
누구도 읽지 않고 살지 않고 마주치지 않고 도시,

목각인형처럼 · 49 / 희망과 사망 · 51 / 작별 인사마저 부정당하고 · 53 /
가자, 저 숲으로 가자 · 55 / 도둑고양이가 울기를 멈춘 시간 · 56 /
예정된 익사와 그 환희와 · 57

2016년 산사에서

낙향 · 63 / 진실이 뭐 어쨌다고 · 65 / 적송(赤松) · 68 /
산사의 밤 · 70 / 굶주림과 증오의 찬가 · 73 / 망가지다 · 78 /
갈림길 한복판 · 82 / 웃는 빈민 · 85 / 죽은 해바라기 · 92 / 광명과 저주 · 96

다음 장으로

지도를 읽는 법 · 101

그리고 지금 여기에서

평균값 · 105 / 닭 쫓던 개새끼 · 107 / 뜰채 하나 들고 · 109 /
섧고 추하고 고독하고 · 112 / 그땐 그랬지 같은 말 하지 맙시다 · 114 /
아세트아미노펜이 · 120 / 몹시도 풍요롭게 · 122 / 서로, · 128

*

헌시 獻詩

*

여명

동트는 새벽하늘은
금붕어의 주황빛 비늘 색

창문의 방풍재를 뜯어내며
꺼림칙한 냄새가 난다, 고
사내가 중얼거린다
매일이 겨울인 북쪽 나라에선
하늘도 꽝꽝 얼어, 이런
생선 비린내 따위는 나지도 않겠지

팔은 창틀에 걸치고, 오늘도
기어코 살아있을 예정
적색 태양 붉은 구름
물고기 같은 사내의 눈에
황동빛으로 둔탁하게 비친다

동트는 새벽하늘은
금붕어의 주황빛 비늘 색

그러고 보면, 아주 예전

수조에 키우던 금붕어
함께 살던 남생이에게, 몸통
반절을 뜯어 먹히고
헤엄치고 있었지

반토막으로, 지저분하고 아둔하게
헤엄치고 있었지,
라고
사내는 생각하고
이내 내다보던 창밖은
새빨갛던 구름 하늘 덧없이 푸르러만 가고.

봄의 자취

봄이 당신을 데리고 갔다
그곳은 아주 먼 데에 있다
당신과 함께 가버린 봄에는
시간에 새겨지는 풍경 소리
적송 너머에서 불어오는 바람
서편 하늘에 스러지는 노을이 있다
대청마루에 앉아 당신과 손을 겹친
안경을 쓴 젊은 청년이 있다

당신이 간 머나먼 곳에
어떤 풀벌레가 방울처럼 우는지
어떤 바람이 나뭇잎을 스치는지
어떤 하늘이 머리 위에 드리우는지
나는 알래야 알지 못한다
그곳은 삼천대계가 당신의 회색 눈동자고
새벽처럼 미소 짓던 당신의 침묵이리라고
외투를 여미며 쓸쓸히 공상할 뿐이다

당신이 봄과 함께 멀리 가버리고
이 땅에는 십 년 동안 마른바람이 분다.

낙타 인간

암석과 모래 위로 한 남자가 걸어간다
야윈 다리 금방이라도 부서져 내릴 듯
드러난 정강이는 비척비척 걸어간다
아무도 그가 울고 있는 것을 모른다
머리 위로 녹은 황금이 쏟아져 내리고
발자국마다 암염조각이 바스러진다
모래바람은 속눈썹만을 더욱 자라게 한다
아무도 그의 눈동자를 본 적 없다
모래 위에 자국도 남지 않도록
발바닥은 굳은살로 넓고 평평해졌다
몇몇 사람들이 남자를 찾아 나섰으나
모래바람은 흔적도 이해도 용납하지 않았다
그는 가끔 주황색 바위 밑으로 기어들어가
용광로인 듯 끓는 태양에게서 몸을 피한다
까뮈의 배교자처럼 무언가를 기다린다
그러나 스스로 다가오는 것은 어디에도 없다
결국에 그는 다시 떠나야 한다
이제 땀도 흘리지 않는 피부 밑
끈끈한 피는 바깥세상의 폭염처럼 고함친다
무언가 분명한 것, 아마 사막의 끝에

틀림없이 거기 있을 무엇을 울부짖는다
점점 그는 걷는 현상이 되어가고
눈물로 허비할 수분은 허락되지 않고
아무도 그가 울고 있다는 사실을 모르고
사막과 하나 될 때까지 걸어야만 하는
그 남자 역시
자신이 울고 있음을 모른다.

바람의 무늬

바람이 강의 표면에 새겨진다
난간 높은 마포대교
청년은 수면에 그려지는 언어를 읽는다
갈기 휘날리며 날뛰는 겨울바람
너무 오래 사납기만 했다
저 밑에 오리들 헤엄친다
그것들은 늠름하다
바람을 타고 날 뿐만 아니라
물결 위에 자신의 무늬를 덧씌울 만큼
그러나 청년은 계절마다 바람에 쓸리고
투명한 상처에 어리둥절했고
영혼에는 풍이 들었다
어느새 눈이 내리려는지
날씨는 조금 따듯하고
내일부터 청년은 일정이 없고
이상하리만치 높은 난간에 손을 뻗어본다

검은 머리카락
읽을 수 없는 무늬로 휘날린다.

생폴 요양원

    어쩌다 세상은 온통 화재로 미쳐버렸는지, 새벽에도 안개는 끼지 않고, 밀밭은 녹은 황금으로 끓어오른다, 접은 종이에 불이 붙듯 지평선마저 재가 된다, 사내는 캔버스에 고함을 친다, 밭은 유황빛, 하늘에는 용광로가 엎질러져 있었다, 쏟아진다, 자국만 남은 정오의 정신, 사이프러스 나무에 광기처럼 붙는 불길, 성난 신의 눈동자, 쏟아졌고, 무겁게 일렁이는 밀 이삭들, 농부는 낫처럼 허리가 굽었다, 불꽃 속 가을걷이 열병 걸린 사람처럼 이지러진다, 요양원의 가장 무방비한 들판 위, 사내는 메모로 가득 찬 자신을 뒤진다, 거듭 피고 지는 생활, 평생 밭을 가는 고통을 받으리라는 저주, 그는 기억하고, 태양 아래에 그림자조차 없다, 열과 어지럼증의 틈바구니, 사내는 볕이 갉아먹은 자리를 새긴다, 태양과 사람과, 불길이 날름거리는 풍광, 송두리째, 모조리. 인적이 모두 사라진 복도, 권총을 든 사내가 미술관 벽의 그림 속으로 걸어 들어간다.

자판기

무심하게 흘러가는 자리에는 반드시 자판기가 서 있다

종로 막걸릿집 뒷문과 늙은 보쌈가게 사이 골목
버스가 서지 않는 흙투성이 정류장
대관령 산자락, 염소농장 철책 앞
낡고 정체 모를 자판기들

그들은 사람의 발걸음이 닿지 않는 곳에만
자연스레 피어나는 버섯인 양
먼지와 빛살을 뒤집어쓰고
동전을 먹여도 아무것도 뱉지 않으면서
가끔 하얀 불빛을 깜빡거리기도 한다

상품을 채우던 손들은 어디로 갔는지
매상을 담아가던 장지갑들은 어떻게 됐는지
우뚝 솟아 빈혈에 걸린 그들의 옆통수에는
누군가의 이름과 번호가
날카롭게 긁혀 지워져 있다

그러면 나는 꿈같은 열에 들떠 생각한다

숲속에서 자라나는 고고한 자판기를,
그들에게 엉기듯 둘러싼 담쟁이덩굴을
곧 그것들이 피워낼 황록색 사사로운 꽃을,

숲속마다 산맥마다 황량한 언덕마다
솟아나 수액이 도는 자판기들이 매일 밤
그 꽃들을 위해 달무리 같은 파란 빛을 비출 것을,

그렇게 되면 마침내 나는
그들에게로 걸어갈 다리도 동전을 쥘 손도 없어진
활자가 되어버린 인류를
흐뭇한 마음으로 생각한다.

*

2022~2023년
스크린 도어 너머

*

내일은 없으나 해는 뜨고

그러니까 전날 소주를 마시고
또 뭔가를 마시고
이유도 없이 흥겨워 그는
또 무척 슬퍼했다

세상의 표면에는 밤빛 산란하는
무지갯빛 유리벽, 당장
깨질 듯이 얇게 덧씌워지고
겨울바람 더는 날카롭지 않았다

아침 한숨은 프레스기의 허덕임처럼
연달아, 주기적으로 솟아 나온다
지퍼가 터진 가방에는 또 한 병의 술
술, 차갑게 식어있다
이제 죽어도 좋아, 중얼거리는
마음을 병 안에 접어 넣고
한 칸 한 칸, 그는 다시
비좁은 방에 유리벽을 세운다

언제고 깨져버릴 휘황찬란한 벽들 안에

황제도 철학자도 예술가도 죽어있고
오로지 나는 살아있어, 소독약 냄새 나는
조소를 뱉는다, 벽들 뒤로 흐려져 간다

태양은 또 제멋대로 떴으나
밤은 아직도 꺼지지 않는다.

초상

1.

언덕 중턱에는 성당이 있었다. 우리는 그것이 지하실부터 시작해 천천히 모습을 갖추는 과정을 지켜보며 자랐다. 우리는 어렸고 뛰어놀지 않는 아이들이었다. 어느 새엔가 성당 앞마당에는 하얀 성모상이 세워졌다. 가끔 젊은 신부가 그 앞에 서 있었다. 아무도 가르쳐주지 않은 숭고함 따위를, 우리는 언덕을 오르며 가슴속에 썼다 지우곤 했다.

2.

술과 담배와 약 따위로 얼룩진 젊음이 지나갔다. 이제 우리는 없었다. 아침인가 하면 밤이었다. 미래를 믿지 않는 용기로 나는 숨 가쁘게 살아있었다. 변명하기 위해 경이라는 것들을 잡히는 대로 읽었다. 죽은 철학자와 예술가들이 내 육체로 숨을 쉬었다. 내게서 지독하게 무언가 썩는 냄새가 났다. 방 곳곳에는 늘어진 술병과 끔찍한 시취가 말없이 함께 서 있었다. 가슴이 타는 듯이 아플 때는 죽을 만큼 담배가 피우고 싶었다.

3.

그 언덕에 오르지 않은 지 수십 년이 지났다. 톨스토이를 헌책방에 팔아버렸다. 자살한 소설가들이 귓속말하는 생활이었다. 이따금 해가 뜨면 행인들을 보러 나섰다. 그들 역시 나를 보고 있었고 나는 도망쳐 들어왔다. 내 책은 쓰던 중에 고리타분해졌다. 젊은 신부가 얼마나 늙었을지 알고 싶었다. 그러나 그보다도 더욱 성모상이 보고 싶었다. 아니, 그 돌빛이 보고 싶었다. 대리석의 불투명한 흰빛을 다시 스치는 시야에 담았다가 잊어버리고 싶었다.

밖은 새벽 네 시. 길에는 버스도 다니지 않는다.

예술가, 백형

눈 깔린 길 걷자 태양 떠오른다
하얗게 서리진 풍광 날카롭게 비추는데
나는 망월사역에 술 얻어먹으러 간다
아마도 이번이 마지막 휴식이야, 백형은
그렇게 말했고 그러니 나는
올해가 가기 전에 술 마시러 간다
칼국숫집에서 우리는 맥주를 잔뜩 마셨고
점심 먹는 손님들 가끔 흘깃하고
이쪽을 보곤 했던 것 같다
두 사람 모두 얼굴은 붉게 붉게 달아올라
겨울 추위도 어디론가 쫓겨났구나 싶었다
인문학의 쓰레기통 같은 백형의 집
우리는 더 마시고 더 소리 높여 미래
미래를 떠들어대고
나는 재떨이에 담배를 눌러 끄고 백형은
점점 취기에 고개를 숙이며 말했다
너는 잘 될 거야, 그럼, 잘 될 거야
나는 맥주를 더욱더 위장에 내 안에 쏟아붓고
다른 수가 있겠어, 농담하듯 잔을 부딪치고
또 마시고, 턴테이블에 재즈 음반을 걸고 또

물론 잘되는 수밖에 없다고 웃어넘기고

　잠든 백형을 두고 밖으로 나오자 태양이 머리 꼭대기에서 얼음송곳처럼 찔러왔다
　전철 승객들은 오후 3시 만취한 남자를 어떻게 보았더라, 내 기억엔 아무도 없다
　물론 잘되고야 말겠지, 중얼중얼 술 냄새 지독한 한숨을 숨 쉬었다.

아침의 빛

태양은 쏜살같이, 잠든 머리 위를 스쳐 갔다
헐떡이는 폐부를 문지르며 커튼 자락 잡아당기자
창틀에는 이미 겨울밤 피어올라 있었다
검은 창문에 비친 얼굴은 희끄무레하였다

주차된 차들 위로 밤빛 무겁게 비춘다
잠옷 차림으로 서서 담배에 불을 붙이자
가로등 주광색이 흰 연기에 물먹듯 스민다
메마른 바람은 자꾸만 무언가를 읊조리고

너는 대체 무얼 하고 있는 것이냐며,
까닭 없이 슬픔은 시작되었다 다시
니코틴 따위가 혈관 곳곳으로 퍼지고
건널목 너머 주택에 켜진 형광 불빛만으로도

나는 그만 장초를 버린 심정이다, 한 모금
한 모금 그 형광 불빛을 바라보고
만약 황금빛 태양 하늘 꼭대기에서 쏟아지면
이 뿌리 없는 서러움도 재가 되려는가, 생각해 보는 것이다

슬리퍼 끄는 맨발은 아프게 얼고
겨울은 아직도 물러나지 않았다.

역사를 나오면 막다른 골목

어제는 몹시도 술잔을 비웠습니다
전날도, 그 전날도
새벽에도 등 밝은 어느 맥줏집에서
벌써 2월도 끝나가는데, 그 집 창문에는
성탄절 램프들이 깜박거리며
시시각각 색깔을 바꾸고
나는 코트의 지퍼를 목덜미까지
바짝 여미고, 황금빛
황금빛 잔을 연달아 입으로 옮겨가고
그러나 누구와 마셨는지
어느 누구와 장대한 허풍을, 그러니까
예를 들자면 예술이니 삶이니, 하는 것들을
비싸고 덧없는 안주처럼 주워섬겼는지
그런 것은 기억나지 않습니다
가게에는 어느새 우리밖에
누군지 모를 우리밖에 남지 않았고
우리는 계속 마시고, 골짜기를 흐르는
샘물의 소리처럼 이야기하다가, 갑자기
무자비하게 뛰어내리는 폭포수처럼
귀청 떨어질 웃음소리를 내다가……

멍한 채로 나는 아직 동트지 않은
어렴풋이 가로등 빛이 보이는 골목에 서서
한 모금 한 모금 담배를 태웠습니다
늦겨울 추위에 만취한 몸은 떨리고
나는 연기를 계속 들이쉬고
내쉬고 다시 한 잔을 마시러 들어가는 것입니다
돈은 없이, 다만 술은 계속 내어와지고
또 한 모금 한 모금
벌써 며칠째 나는 마시고 있는지, 몰래
눈앞의 표정 몰래 세어보며
알코올에 붉어진 얼굴과 눈동자로
도대체가 낯모를 눈앞의 그 얼굴을
한 모금, 한 모금씩 바라보는 것입니다
해는 곧 뜰 터이고, 인조가죽 지갑에는
단 한 장의 지폐도 없이.

책상 밑 어둠

그곳에서 나는 울지 않았다
그늘진 눈앞에 벽돌처럼
두꺼운, 책 하나 펼쳐놓고서
읽을 수도 없는 수많은 단어
군인들처럼 줄지어 섰다
나는 그 책을 읽지 않았다
눈은 가만히, 페이지에 떨어트리고
불 밝은 거실에는 소란한 잡음
책장 한 번 넘기지 않고
나는 모조리 듣고 새긴다
밤은 모두가 저주하는 시간
말하지 않고 눈에 담지 않고
단 한 번도 울지 않고
그렇게 나는
잠드는 법을 영영 잃어버렸다

지저분해진 책상 한구석
흰색 졸피뎀 푸른 트리아졸람
누군가의, 잠들어 꿈꾸는 밤.

흙과 먼지를 위한 인고

1.
너희들이 털가죽 없는 살덩이로 태어날 때
세상은 벌써 날고기를 먹는 놈들로 가득했다
너희들이 추운 새벽에 힘겹게 깨어날 때
태양은 너희들을 위해 눈떠주지 않았다.

2.
내가 만난 너희들은 모두 종점 출신이었다
너희들의 생이란 그 삶을 쪼개 파는 것이었다
그런데 이따금 머리가 비상한 사람들이 나타나
세계란 몹시 체계적이며 균등하다고 강론했다.

3.
그러나 땅에 뿌리박은 나무들은 아무 말도 하지 않았다
땅 밑에 묻힌 자들은
혀도 입술도 썩어 흙이 되어
생전 그 어느 때보다 가벼워졌기에
너희들의 심오한 사상에 대해 논의하지 않았다.

4.
너희들은 3월의 추위도 견디지 못하는 몸뚱어리를 끌고

누구도 비웃을 수 없도록 길고 어렵사리 달려왔다
그런데 너희들은, 어느 닫혀가는 순간에
과연 불에 타지 않는 것이 있을지 따위를 생각한다.

5.
나는 미로 한복판에 수십 년째 퍼질러 앉아
이제는 사망 기사란도 사라진 신문 따위를 생각한다
너희들이 마지막으로 터트릴 웃음에 관해 생각한다.

6.
오만한 나는 아직 젊어, 먹고 마시면서 기뻐한다
그러나 나 또한 너희들처럼 종점 출신으로
종점이 될 정거장에서 벗어난 일 없다.

어지러뜨리다

한낮은 밤을 기대하는 마음만으로 흘러간다
사내는 낮 동안 과연 어떤
특기할 만한 일이 있었는가 세어보고
결국에는 열 손가락 전부가 필요하지도 않았다
무서운 불안이 텅 빈 페이지 위에
약속처럼 사내와의 만남을 기다리고
그는 날조된 기억을 샅샅이 뒤진다
그러나 분명, 무슨 일인가 있었을 거야
중얼거리고, 까닭도 근거도 없이
악독한 슬픔이 벼락처럼 혈관을 돈다
침침해진 눈을 두 손바닥으로 누르는
그를 보고, 사내의 동생은
저녁을 먹겠느냐고 간단히 묻는다
뜻밖에도 날씨는 선선하고
나무들이 새잎을 창문에 부딪혀대고 또
바로 어제 형광등을 갈아 끼웠기 때문에
아무리 해도 그는 음식을 씹어 삼킬 수 없다

빈 페이지는 굼뜨지만 분명하게, 가장자리부터
누렇게 변해간다 또한 우습게도

처음 그 변색을 발견한 것은
사내가 더는
스스로의 직업을
남에게
설명할 수 없게 된 무렵부터였다.

지상에서

옛적에는 곳곳에 신이 있었다
그들은 자비롭지도 엄격하지도 않았다
계절의 바람이나 살갗에 닿는 햇볕처럼
그들은 결코 말하는 일도 없이
분명히 그곳에서 숨 쉬고 있었다

그러나 우리는 먹어야만 했고
누군가 앓는다면 허리 굽혀 약을 얻어야 했다
산새들은 봄에도 노래하지 않게 되었고
나는 너무 일찍부터
신들이 맛있지 않다는 것을 알아차렸다

어느 장마철 빗물에 잠긴 안방
손전등의 빛줄기 속, 나는 발밑에서 떠오르는
표정 없고 창백한 얼굴을 똑똑히 보았다
그날부터 나는 균형을 잃고
온몸을 사방의 모서리에 부딪으며 걸어왔다

그래도 우리는 먹어야만 했고
우리 중 몇몇은 삶을 다 마시기도 전에 쓰러져버렸다

도시에서 빛나는 것들은 대체로 생선 뼈 따위였다
나는 누군가 가르쳐주기도 전에
신들이 맛이 없다는 사실을 알게 되었다.

연초

흐린 창밖에 싸라기눈 내린다
거울이 깨끗하지 않다
벽시계는 수년째 밤
9시 58분을 가리키고 있다
마지막 독서로부터 너무 오랜
시간이 지난 것 같아 나는
책들이 단단히 물고 있는 총 아홉 개의
빛바랜 책갈피들을 뽑는다 신중히
책상에 모아 담뱃갑과 라이터로 눌러 놓는다

하늘에서 눈 내리듯
바닥에서 안개 솟는다

아득할 만큼 많은 연기를 마셨다
거울이 깨끗하지 않다, 안구는
희뿌연 연무로 가득 찼다
그렇게 몇 자의 탈력이며 좌절들을 적어놓고 나는
얼마나 오래 으스러지도록
고독과 껴안고 살았는지
늑대처럼 고고하게 울부짖지도 못하며

움츠러들어 왔는지
시계를 본다 분명 방금까지만 해도
아침이 밝을 시간이었다.

시인의 마을

시인의 마을에
여러분이 꿈꾸는 평화는 없다.
시인의 마을에는
운율도 지혜도 법칙도 없다
정적조차도
이곳은 오로지 미친 인간의 땅
백주대낮 소주병을 들고 걷는
곱사등이 노인, 담배 연기를 숨 쉬는
유모차 안의 아기들
모두를 의심하며
곁눈질로 게걸음을
걷는
공포에 질린 사람
사람들
진실이 없는 대가로
사실만이 과포화된 골목.

태평양 너머에서 온 친구는
내가 사랑했던 나의 마을을
창동 어사일럼이라 부르고

경쾌하게 웃었다

티끌 하나 없이

나도
웃었다.

*

2016~2017년
누구도 읽지 않고
살지 않고 마주치지 않고
도시,

*

목각인형처럼

과거는 여전히 내 뒤통수에서 쿵쿵거리며 화를 낸다
금속빛 번쩍이는 철길 위에서
나는 몇 번이나 마지막 담배꽁초를 떨어뜨렸고
몇 번이나 처음으로 금연을 결심했다. 새들은 보이지 않았다.
역의 플랫폼으로 올라가는 계단에 주저앉아
나는 움직이는 사람들을 지켜보며 고의로 장애물처럼
꿈쩍도 하지 않았고 그 활기찬 다리를 가진 이들을
노려보며 증오를 당했다.
어느 날 한쪽 다리를 잃은 비둘기가
깽깽이걸음으로 내게 다가왔을 때, 아하
그래서 새들이 날지 않았구나. 그들은 박애주의자다.
그러나 사람들은 계속해서 이곳저곳으로 헤맨다
그들에게는 세상천지에 방패처럼 세워놓은 집이 있다.
나는 돌아가지 않을 것이다…… 나에게는 의식을 재울
이불조차 없었다. 어젯밤에도 분명 누군가 죽었다
소문은 퍼지지 않는다. 사망 기사조차도.
나는 눈도 감지 않고 플랫폼 계단에서 밤을 새웠다.

새벽이 지나면 이 행성은 또 사나워질 거야

그러니 딱딱한 알약들을 삼키고 내가 수천 번 반복하여
죽는 것을 바라보자. 내 생존은 비겁이다.
나는 또 증오를 당하러 나선다.

희망과 사망

해바라기가 죽었다.
연꽃들도 모두 죽었다.
죽어 쓰러진 갈잎들
발밑에서 부석거린다.

겨울이 온다, 아니 더러는
언제나 와 있었다.
온돌에 불 때지 마라.
모든 것이 숨죽이는 추운 계절에는
방패도 흙벽도 지붕도
얼어붙어야 마침내 쉴 수 있다.

하늘에는 북쪽 고원의 냄새가
청록빛 햇살 받으며 소용돌이 그린다.
나는 신발 끈 단단히 매고
높은 곳으로, 더 높은 곳으로
매년 한 번씩 얼어 죽으러 간다.

그러니 이번 겨울에는
소주 한 잔도 입에 대지 말아야지.

눈빛 하늘 밑에서, 그저 아름다운
얼음 한 조각 되어 산산이 조각나야지.

작별 인사마저 부정당하고

암담한 것은
이 밤이 끝나기 때문이다
눈물방울 같은 달이
천문학에 힘입어 가라앉고
동이 트면
사람들이 눈을 뜨기 때문이다

별들이 만들어 둔 깊은 동굴은
증발하고야 만다
꺼져있던 신호등들
지구와 함께 달릴 것이다
Dawn이라는 단어는
한없이 Done과 닮았다

마음속 슬픔이 어디로 갔는지
과연 누가 알기나 하려나
나는 꿈을 꾸러 간다
나의 꿈이 아닌
이미 죽은 이들의 꿈을 꾸러 간다

촛불 꺼지듯 꺼지는
내 영혼이 가장 충실했던 시간

자로 잴 수 없는 유구한 미래가
나를 압살하고 말 것이다. 내 육신
그림자로 꽉 차
이미 모노크롬이 되어가네.

멈추지 않는 기침 끝자락 즈음
죽음이 바늘처럼 쏟아져 나오네.

가자, 저 숲으로 가자

어딘가에 풀과 나무가 사는 모양이다
이 회색 도시 한복판에서도 새벽
시멘트 바닥 위에 서 있으면 그들의 냄새가 난다
밤이슬을 머금은 풀잎들의

그들은 밤에만 피어나는 것일까? 아마도
그럴 것이다. 이 깊은 동심원들 속에서는 해가 뜨면
무자비한 구둣발이 사방을 짓밟고
활보하니까

코로 들어오는 농밀한 새벽 냄새에
떨며 오열할 것 같다, 숨어 지내던 그들이
다시 한 번 온 세상에서 인류를 대신할 것을
나는 꿈꾸고 싶다

도둑고양이가 울기를 멈춘 시간

새벽 다섯 시
태양보다 빨리 하늘은 밝아오는데
새는 운다.
나는 울지 못한다.

골목에선 흙과 물방울의 냄새만 피어오른다.

예정된 익사와 그 환희와

한 모금의 물을 위해 너무 많은 피가 흘렀다.

별조차 찾아오지 않는 어두운 대양에서
나는 뭍도 모르고 헤엄쳐왔다
허파로 흘러 들어간 바닷물들은 불길이 되어
내장을 태웠다

파도에 닳아 뼈가 튀어나온 팔다리는
그럼에도 수영을 멈출 줄 몰랐고
나는 기침을 뱉으며 새까만 바다를
직선으로 헤매고 또 헤맸다

너무 어두워 수평선은커녕
내가 잠긴 바다도 보이지를 않았다
검은 하늘과 검은 대양이 하나 되어
공포와 공허를 헤엄치는 것 같았다

그러나 파도는 집요하게 나의 뼈를 깎고
피 냄새를 맡고 몰려온 바닷고기들이
살점을 뜯었다 점점 나는

헤엄치는 백골이 되어갔다

어디에도 눈동자 같은 것은 없었다
달과 별은 뜨지 않고 물고기들은
너무 오래 심해에 살아 눈이 없었다
나는 감겨진 세상에 있었다

태어난 이래 아무것도 먹지 못해 기뻤다
자신이 왜 수영을 하는지는 모르겠으나
근육과 뼈가 파도의 이빨에 뜯겨나가 기뻤다
뭍이 없어 기뻤고 빛이 없어 기뻤다

 지느러미도 아가미도 없이 헤엄치다 죽어 닳아가는 것이
 기뻤다 어디에서 와서 이 폭풍우 치는 지옥을 건너는 것인가
 알 수 없어 기뻤다

불길에 허파가 화끈거려 용암 같은 기침이 터져 나오고
순간순간 힘이 빠져 가라앉다가 비참한 소생의 숨을

가쁘게 들이마시고 다시 팔다리를 휘젓고 아무것도 보이지 않음이
　기뻐 환희에 미쳐버릴 것 같았다

　세계의 맨 얼굴을 보지 못하고 두 다리로 서서
　살아가는 사람들은 이 환희를 모를 것이라고
　나는 익사의 고통에 눈물 흘리며 소리쳤다
　세계라는 저주와 맞대면 하지 못하는 사람들은 우울증에 썩어만 갈 것이라고

　우리들의 실존은 해류의 한 조각 정도다.

　나는 단 한 번도 살려달라고 한 일이 없다.

*

2016년
산사에서

*

낙향

어디선가 뻐꾹새 마구 운다……

마치 만국박람회처럼 사철 내내
정신없이 은전을 뿌리고 다니는 사람들 사이
탁한 하늘에 탁한 숨으로 안개 낀 도시
태양도 인공물이 되어버린 그 도시에서
무색무취한 희멀건 영혼의 덩어리가 되면
사람은 산골로 가는 것이다

살가죽에 리비도를 바른 젊은이들과
담배 연기로 뿌옇게 흐려진 눈동자의
늙은이들과
돈이 많아 가난하고 돈이 없어 가난한
그런 군중들 속에 지쳐버리고 만다면
사람은 산골로 낙향해버리고야 마는 것이다.

갈대가 많이 자랐네요, 이제
이 산책로는 못 쓰겠습니다.
그냥 둬라. 가을이 되면 스러지겠지.
나름대로 사랑했던 길인데요.

그 사랑도 그냥 스러지게 두지 그러니.
고무신 신고 흐흥흐흥 걷는 스님.

낙향. 흰당나귀 타고 슬렁슬렁 낙향한다.
백석 선생님, 이건 도망 아닙니까?
그러나 죽은 사람한테 무슨 대답을
기대하나. 백골도 안 남았을 사람에게.
그러나 도망이면 또 어떻단 말인가
견딜 수 없으면 도망치면 되는 것 아닌가
슬프고 외로우면 도망치면 되는 것 아닌가

여기 산골엔 밤이면 새까만 어둠만 히히 웃고
날개로 쓰다듬어 밤새들 지저귀게 한다.
옌장, 이 컴컴한 녹색 그루터기들 사이에서도
보랏빛으로 검게 물든 잎사귀들 사이에서도
나란 놈은 펜 붙잡고 여전히 지랄이구나.

뻐꾹새 미친 듯이 운다. 내가 외로운 것도 잊을 지경이다.

진실이 뭐 어쨌다고

계절이 바뀌는 시기 대기의 냄새는
작년 이맘때쯤 맡아본 냄새와 같기도 하고
그러나 어딘가 농도나 밀도가 달라진 듯도 하다
재작년을 생각해 보면 그것은 더욱
이것이 같은 냄새였나? 아니야, 그러나 같은 냄새기도 해
결국 계절이란 도는 것인지
매해 새로 태어나는 것인지
어제가 오늘을 낳았는지
그저 장막이 한 번 펼쳐졌다 거둬진 것인지
밤하늘의 별들은 영겁을 말하지만 나는 그것이 거짓말이라는 것을 알고 있다.

하루를 이십사 시간으로 자르고, 그 뒤엔
한 시간을 육십 분으로 자르고, 그 뒤엔
일 분을 육십 초로 자르고, 그것을 계속 반복하면
시간의 알갱이라는 것을 손끝으로 더듬어볼 수 있을까?
잠깐, 아인슈타인이 뭐라고 했다고? 바보 같으니,
그 독일인은 죽었어.
우리는 연속되는 평면에 있나 덩어리진 순환에 있나
과학자들은 무시하도록 해. 그들은 결국

이 우주조차 허상에 불과하다고 그들의 수학으로 쓰인 입술로
말하고 있는데 그 입술조차 허상 위의 거품이라지.
근대에 철학자들이 철학 때문에 죽어갔다면
현대에는 현대물리학으로 인하여 사람들이 떼거리로 증발하고 있어.

이성과 감각은 어쩌면 공존할 수 없는 것일지도 모른다⋯⋯.

태양의 부족에게 비추는 햇살과
사막의 부족이 맨발로 밟는 모래알들과
바다의 부족에게 으르렁거리는 심야의 파도는
공포와 경외이기에 계산할 수 없다
애니미즘이 살아있을 때만 해도 사람들은
자신이 피부와 살과 혈액으로 가득 찼다는 것을 알고 있었다.

이 내륙에서 맡는 계절의 냄새는
나를 점점 혼란스럽게 만들어 결국에는 허망한 숫자와 기호에 손을 뻗기도 하고

뻗었던 손을 진저리 치며 거두어들이기도 하고
아아, 뇌수에서 부르주아 냄새나서 견딜 수가 없구나
비밀은 비밀로 있는 것이 아름답다는 것을
가난한 사람들은 알고 있겠지
그러니 내 해골을 깨 꺼낸 뇌수 청수에 씻고
다시 집어넣은 뒤에는 가난한 땅으로 가자
무지와 궁핍과 열파로 지져진
온통 황톳빛의, 색채도 사치도 심지어는 기와 끝의 장식조차 없는
모든 것을 흙과 소금으로만 지은 가난하고 가난해서 지고의 풍요를 혀끝에 떨어트리는
갈색의 사내들이 바위 같은 표정으로 장승처럼 걸어 다니는
적도 어딘가에 있는 감각의 고장으로 가자

그 땅의 태양 한 입 이빨로 베어 물면
나 연기되어 의심마저 잃겠지.

적송(赤松)

적송은 오늘 돌연
눈으로 들어왔다

어제까지만 해도 보이지 않던
적송, 한낮의 더위에 순식간에 자라난 듯
언덕배기에 시뻘겋게
느닷없이 솟아있었다

핏물이 흐르는 듯한 그 줄기는 흉물스럽고
그렇게 흉물스럽게
시각에 뛰어든 스스로의 잔악함에
이를 갈지도 눈물 흘리지도 못하고

한여름 열중 속 산이 송두리째 녹아가는 가운데
커다란 적송 홀로 검붉게 서서
계절의 생명과 요동 모조리 비웃는 듯
쇳물 줄줄 흘리는 입만 크게 벌린 채

나는 그 얼굴을 보고
그는 내 얼굴을 보고

그래, 모든 얼굴이란
추하고, 흉하고, 혐오스러운 것만을 비추는 거울이야.

그러니 아마 영원히 해가 뜨지 않는다면
나는 어둠을 타고 산 위로 단도나 가지러 가겠지
잠 속에서 칼날에 피가 묻어도, 밤과 응결된 마음은
도무지 움직이지도 않을 것이고

그러나 내일도 산 밑의 닭이 울면
저 적송 위로 태양이 뜰 것이고

나는 고통스럽다.

산사의 밤

달이 초승달을 거쳐
실눈 뜬 그 눈동자를 감으면
거기서 눈물 한 방울 떨어질 것 같다

밤에 우는 것들은
왜 모두 슬픔으로만 우나
아니면 이 마음이
그저 슬픔으로만 듣나

어두운 나무들 검은 잎 떨어트린다
짓밟히는 검은 풀들 그 사이에는
벌레들 수도 없이 우수수 죽어있다
개미들은 졸음에 취해 고기를 옮긴다

별들이 외치는 소리를 듣는다
수백만 광년 바깥의 저 외로운 땅덩어리들은
빛보다 빠르게 운다, 외친다
도시에서는 네온의 빛에 묻혀버리는
그 포효들, 산중에서

전쟁처럼 크게 울린다.

나는 밤눈이 좋지 않아, 여기가
어디인지도 모르겠어
그래도 발은
마구잡이로 걷고

어둠이 무섭지도 않아? 물으면
어둠이 아니라 너 자신이 무섭겠지
미친 발 중얼중얼 비웃는다

밤의 숲속에서 눈을 잃어버린다
아니 그렇다고 생각한 순간
검고 푸른 잎들의 아치 사이, 나
혹은 영혼, 한없이 키가 자라며
눈물방울 같은 별들을 향해

입을 벌리는 것을 본다.

괴괴한 평화의 밤

새들은 울지 않고
시야 끄트머리에 꺼질 듯 흔들리는 달
나는
감정을 품은 식물.

굶주림과 증오의 찬가

영원히 남을 오래된 흉터가
늑대처럼 울부짖을 시간
아니, 그것은 시간이 아니다
시간에 반응하는 것이 아니다.
그 짐승은 사람들의 얼굴 거죽에 그림자가 드리우는 순간
더러는 아무도 없는 산중에서 쓰르라미 노래하는 순간
탄환에 맞고 도망가는 늑대처럼
소리 없이 운다.

나는 여러 번 씹었던 괴로움을 혀로 굴리고
봐, 여기가 고해(苦海)다. 여기가 지옥도야.
이건 전부 이 외로운 행성 위에서 벌어지는 일이야
같은 땅에 발을 뿌리박아도 각각의 눈동자는
전부 다른 세계를 보고 있지, 누군가는 천상에서 솔잎을 물고
누군가는 빈곤 속에서 묽은 죽을 주걱으로 휘젓고
누군가는 신음과 비명으로 고통받으며
저주를
노래하고
누군가는

아직도 그에게는 끝나지 않은 전쟁을 위하여
맹수처럼 송곳니를 드러내고 증오에 숨 막히하지.

정적 속에서 평화를 찾았다고 착각했었다
찬미 속에서 사랑을 찾았다고 착각했었다
그리고 인간이 되었다고

나는 가능한 한 순수하게 괴로움에 대해 노래하고 싶었다.
그러나 나풀거리는 교복을 입은
여고생들의 손목부터 팔꿈치까지 수없이 새겨진
평행한 칼자국들과
지금 이 시각에도 수면제를 위장에 쏟아붓고 있을
어딘가의 감상주의자들로 말미암아
내 눈동자는 순수는커녕 포악하게 일그러져
걷는 발걸음마다 저주만 뚝뚝 흘리고 다닌다.

육시랄, 네 슬픔에 고통에 고독에 취해
취해 흔들리며 추악하게 웃음 짓고 죽음을 찾는다면
죽음도 널 보고 손사래를 치며 침을 뱉을 거다.

원시부터 우리 심장에 창처럼 꽂힌
그리도 절망적인 투쟁에의 욕망과
칼과 도끼를 그러쥐기에 딱 좋게 만들어진 열 개의 손가락을
그 윤곽에서 미쳐 날뛰는 광태를 잊었다면
염병할, 존재할 가치도 죽을 가치도 없고
살아있는 유령이나 되어 넋 없이 떠돌아라.

나는 가능한 한 순수하게 괴로움에 대해 노래하고 싶었다.

아아, 붉은 혈액, 지금 막 몸에서
물어 뜯어낸 날고기, 질긴 심근, 하얀 피부의 가죽들
생명이
삶이 고프다
단 한 번만이라도 모든 정부와 군대와 사회와 신념이 붕괴하고
시멘트 바른 도로 위에 온갖 잡종이 흥건히 너부러지면
나는 세계의 정상에서 내가 나임을 증명하는
왕이 된 기분일 텐데, 그것은 내 뱃속에서 끓어오르는
청명한 웃음일 텐데.

고로 지옥에 발붙이고 있는 것이 나쁜 일은 아니지
물론 나도 고통과 고독에 허덕거리며 익사하고 있다
그러나 증오는 더욱 크다. 자신의 국가에 불을 지른
로마의 황제가 불덩이 된 도시에서 리라 뜯듯
내가 구겨지고 꿰뚫리고 썰어지는 땅에서도
창공의 매 같은 눈으로 미학을 발견할 수 있었다.

안타깝게도 절벽에서 아파트 옥상에서 밧줄 속에서
떨어져 죽어가는 사람들에게, 나는 한 번 박수나 쳐주고
나에게는 거대한 흉터가 있다. 유년기부터 야금야금
내 존재를 먹어 치워 온 거대한 흉터가 있다
나는 흉터를 가지고 있다 흉터는 나를 가지고 있다
흉터는 나를 나는 흉터를 흉터로 내가 나로 흉터가
붉게 찢어진 입으로, 어머니에게 감사하고 입 맞춰
유약했던 인간이라는 것이 산산조각 먼지로 변해
기다란 혀가 그것을 핥아먹어 만드는 미래에, 믿음이며
승리며.

괴롭다 슬프다 고독하다 비참하다
낱말들은 그것들은 한 자루의 묵직하고

날카로운 칼이 되었다.

내게 쏟아지는 재앙의
근거가 되었다.

망가지다

어두운 산속에 총성 울린다

목적이 없어도 동기는 있어야 한다
목적이 없어도 의미는 있을 수 있다
아마도 우리는 죽기 위해 태어났으니.

속세를 생각하면 구역질이 난다
모두가 잰걸음으로 음울한 놀이동산
같은 도시 속만 바쁘게 돌아다닌다
그들은 종말을 상상할 여유가 없다
심지어는 개인의 종말마저도
한 닢의 금화 밑에서 짓뭉개진다.

나는 바깥으로부터의 어둠이 소란해
한밤중에 커튼을 친다
창가의 연잎은 이미 노랗고 가늘게
부스러졌다
부스러졌다. 암담한 심정이 내 영혼의 목을
거친 손아귀로 붙들고 있다
나는 도대체 어디까지 가야 탈진해

무너질 수 있을까.

태양이 뜨지 말았으면, 제발
꿀벌의 시체처럼 바스락거리는 태양이 뜨면
내 육신은 또 꿈에서 깨겠지
도무지 내 말을 듣지 않는 육신은
벌떡 일어나, 자신이 눈물을 흘리는 것도
모를 터다.

우리는 끝을 향해 걷고 있다
나는 죽음이 끝이라고 감히 단언했다
불붙은 지푸라기 같은 내 삶이 다 타버리면
나는 결단코 그 어떤 생도 받지 아니할 테니
다만 불타는 동안, 그 차가운 불길이
잠깐이라도 열파로 휘몰아쳤으면

아마도 우리는 죽기 위해 태어났으니.

얼마 전 석양 속에 있었다
사물들은 모조리 본질 없이 흐물거렸다

내 눈동자는 비명 질렀다. 나는 철컥거리는 금속성의
시간의 소음을 들으며
모든 감각이 허구가 되어가는 것을 느꼈다 나는
비명 질렀다. 내가 생존한다는 사실이
내 영혼을 격발시켰다.

아버지제발그렇게천진난만하게웃지마세요
당신의원시성과순수는날자꾸돌연변이라고자각하게해요
왜내세계는아버지의세계만큼군건하거나혹은단단하지
못한가요

무한정의 시간, 무한정의
절망
우리는 죽기 위해 태어났으니까 기필코 살아야
한다 걸어야 한다 절망과 절규를 쿵덕거리는 심장에 품
고서
꿈꾸는 형이상학자들을 안타깝게 질투하면서
계속 갈라지는 이 골목은
본질도 없고 형상도 없고 오로지 생명만 있다 죽어갈
생명만

노란 색종이 같은 해가 뜨면 또다시 날이 일어날
감각만

그래도
달이 떠서 다행이야

갈림길 한복판

나는 사찰에서 술을 마시고
인도에서 소를 잡아먹고
몸에 역십자가를 박아놓고 교회로 들어가
거꾸로 된 오망성을 걸고 성당을 활보했다.

나는 자부할 수 없다, 내가
무엇에 대한 무질서에 홀린 것인지조차
탐욕과 고통으로 빚어놓은 내 육신과
혼돈과 모순으로 쌓은 내 정신이
어디로 향하다가 발걸음을 멈추는지조차

어떤 이들은 날 천재라 불렀지! 분명
내 명석했던 두뇌는 대중을 짓밟고 위로 올라갈
충분한 가능성이 있었다
그런데 천재라니, 이제 그 단어는
광기, 광증, 광태, 이런 것들과
그다지 다를 것도 없었다, 나 스스로를 본다
내 시지각 내 껍질을 본다.

랭보가 왜 펜을 던졌느냐고? 그 어린 나이에?

봐, 그는 분명 세계를 통째로 갖고 갈 수 있었어
이 세상 그 어떤 칼날보다도 날카로운 펜촉으로
이 세상 전부를 소유해, 마치 더러운 걸레라도 쥔 듯
손에 쥐고 털레털레 내키는 대로 발걸음 향할 수 있었지.

그러나 그는 스무 살에 펜을 던져버렸다.

그렇다면 라디게는 어때? 그도 젊은 천재 아니었나?
물론, 그가 사유한 사랑의 독창성과
인간의 탐욕, 배덕, 불타오르는 듯한 악(惡)에 대한 찬미
보들레르가 만들어낸 〈악의 꽃〉이라는 명쾌한 문장처럼
그가 쥔 펜 또한 탁월하였지, 그런데 그는
어른이 되기도 전에 죽어버렸어.

내 생각에 세상이란 놈은 자신이 무얼 원하는지
잘 알지도 못하는 것 같아.

거대한 갈림길이 내 발목을 묶어버렸다
나는 생각하는 방법을 잊어버려
그 방법을 다시 기억해 내려고 기를 쓰고 생각한다

도대체 이 발걸음은 왜 떨어지질 않는지
천재도 명예도, 내가 쥐려고 손을 뻗었던
정신의 보물들과 과거라는 것을 송두리째 먹어 치워
'아니다'라는 트림을 내뱉었던
부정(否定)과 영원한 전쟁의
초인은
그 망령은
지금 손에 무얼 들고 있나?

한때 악과 마가 나를 수호했다.
나는 거침없이, 진흙덩이 같은 사람들의 목을
뚝뚝 잘라내며 걷고, 걷고 또 걸었다

여기는 어디로 가는 갈림길이지?
지금 저편에서 배덕의 아름다움을 노래하는 건 누구고
이편에서 고통으로부터의 탈피를 속삭이는 건 누구고
나 차라리
두 발 나무뿌리로 만들어
이 갈림길 한복판에서 거대한 나무
되어버리고 싶다.

웃는 빈민

추잡한 네온사인
술과 담배와 색으로 사람을 불러대는
비 오면 구정물 도로 위로 흐르는 그
도시 한복판에서
나는 확신하여 말하는데
단 한 번도 웃는 사람을 본 일이 없다

모두 발걸음을 빨리한다
그들은 진정 자신이
죽어 끝내는 모두의 현실 속에서도
소멸해버릴 것이라는 사실을 모르지는 않을 텐데

모든 정치사상은 실패했다
더욱이 미래에도, 모든 사상은
높은 산의 아침안개처럼 잠깐
사람들의 눈을 취하게 했다가
있지도 않았다는 듯 사라질 것이다

나 역시 더럽혀져, 정신으로는
고전과 순수의 부활을 부르짖으면서도

패배주의에 가라앉은 마음으로는
오로지 얇디얇은 지갑을 열어보고
절망하듯 안도한다

한참 오래전, 어느 성당의 신부와
언어의 표면만으로 우리는 대화했었다
내가 가난해서 참 다행입니다
아버지도 어머니도 가난해서
그것도 틀림없이 다행입니다
듣자 하니 여러분 같은 성직자들은
교단에서 한 달에 오십만 원을 받고
그것으로 생활을 사고
남는 빈곤으로
성당에 기거하며 오로지 신심에 기대 산다던데요.

청빈(淸貧)이란 단어는 오래전에
이미 사어가 되었다
그리하여 내게는 그 성직자들의
스스로 선택한 가난도 마뜩잖다
담배 한 갑 사고 나면 짤랑거리는 소리만 들리던

그 지갑 덕분에 나는 내가 되었다

빈곤은 선택이 아니었다
그것은 당연한 것이었으며, 시간이 오래 지나자
심지어 내 정체의 한 구석을
고집스럽게 차지하고 말았다
나라에서 나눠주는 쌀 포대를 짊어지고 오는 아버지나
장마철이면 천천히 물이 차는 방바닥을 쳐다보며
아무 표정 없이 책상 위에 걸터앉은 어머니
유년기의 나는 그것들을 단 한 번도 비극이라 생각하지 않았다

생각한다, 이 자본주의 비대한 도시에서
한 번도 자본주의를 이해해 본 일이 없는 나는
만일 어떤 부유한 호사가가
자, 이것이 네 고통을 위한 몫이다, 하고
벽돌처럼 두툼한 지폐뭉치를 건네준다 하더라도
그저 어리둥절하여, 그 지폐 다발이 도대체
무슨 의미를 가지는지도 몰라
길거리 부랑자의 비럭질 바가지에

쓰레기 버리듯 내주고 갈 길이나 갈 것인데

호의도 아니고 선의도 아니고
다만 그 지폐 다발이 도무지 무엇인지
알 수가 없기에. 내 낡은 지갑에 오로지
담배 한 갑과 소주 한 병 살 돈만 있으면
나는 이상하게도 부유의 극치를 맛보았고
한 가지 내가 즐기는 사치인
좋아하는 럼주 몇 잔 마실 돈만 있다면
그 엄청난 풍요에 어지러울 지경이었기에

그러니 도시의 바쁘고 정력적인 사람들을
이해할 수 있을 리가 없다
그들이 무엇을 위해 뛰는지, 어째서
하루 15시간씩 돈 버는 일에 매달리다가도
밤의 장막이 내려앉으면
값싼 술과 고기로 몸속의 먼지를 터는지도
생활의 노예가 되어버린 그들에게
과연 영감(靈感)의 빛 같은 것이 내리쬐기나 하는지도

이번에는 제발 빛이 들어오는 집으로 이사를 가자고
어머니가 억울한 얼굴로 아버지에게 토로할 때도
나는 도대체가 어머니가 무엇을 꿈꾸는지
이해의 실마리조차 잡지 못했다.

아니 왜? 우리는 빈곤과 서로에 대한 원망 속에서
항상 빛이 들지 않는 지하실에서만 살지 않았나?

그렇게 몰이해의 얼굴로 대화를 엿듣는 사이
생각해냈다, 모두가 출근하고 나면
나는 집안의 모든 창문에 신문지 두껍게 발라
단 한 줄기의 빛조차 들어오지 못하게 하였는데
신문지들은 다음 날이면 어머니의 히스테릭한 손에 의하여
전부 찢어지고 떼어 내졌다.

어차피 남의 구두밖에 보이지 않는 창 아닌가?
나는 어둡고 곰팡이 스는 곳이 좋아요, 빛이
들어와 버리면 그곳은 집이라는 느낌이 들지 않아요.

어머니는 성을 냈다. 네
창백한 얼굴을 좀 보고서 말해, 라고

오전 4시 38분
룸살롱과 카바레들이 한 시간에 수백만 원씩
벌고 있을 시간, 그 도시, 그 오물과 금화의 도시
아무래도 나는 어머니가 낳은 것이 아닌
빈곤이 낳은 영혼이었나 보다.

모든 정치사상은 실패할 것이다
절대다수를 위한 사상이라는 것은
실제로는 사상이 아닌 탓이다. 그것은
아무리 현실적인 성품의 정치가가 도로마다
현수막과 플랜카드를 걸어대도
이미 한낱 환영인 이상의 복제품이다

그래서 그 도시에는 웃는 사람이 없었나 보다
오로지 나만, 조울증과 정신분열증의 구멍 속으로
빨려 들어가면서 광증을 마주하고
여러 개의 달 밑에서 유쾌하고 근심도 모르게

웃고 다녔다. 육안으로 볼 수 있는 것들을 모두 보면
사람은 으레 그렇다

까뮈의 스승이었던 그르니에는 분명히 옳은 말을 했다
〈모든 것이 다 잘된 일이고 모든 것이 다 망쳐진 일이다〉라고
이십사 시간 얼굴을 찡그리고 다니는 이곳 인간들은
그 말을 이해하지 못한다. 그들의 생존은 너무도 무겁기에
그러나 모든 것이 덧없는 농담으로
변해버리는 장면을 보고 만 이들은
분명히 그 말을 듣고
이해해버려서 웃을 터다.

죽은 해바라기

나는 오래전부터 해바라기를 사랑하였다
기름으로 녹인 듯한 노란 꽃잎과
가을이면 씨들이 빽빽이 박히는
기괴하도록 커다란 그 검은 눈동자를
그리고 무엇보다도
한없이 키가 커 태양에 닿으려는
그 향일성의 상징을 사랑하였다.

더러는 붉은 해바라기들도 병중의 눈으로
나를 쳐다보아
나는 그것들이 그로테스크하여 아름답다고
그것들은 분명 자연이 스스로 그려놓고도
섬뜩하여 몰이해의 표정으로 피해버리는
대자연의 오류라서 사랑하였다.

그러한 풀숲의 거인들은
몇 개씩이나 고개를 쳐들고 하늘을 보아
그들의 눈동자는 그토록 크다
꽃? 그것이 꽃이라고?
아니 천만에. 꽃이라는 단어가 가진

유약한 비실재의 뉘앙스는
절대 그 거대한 이상성을 표현할 수 없다.

잘못 태어나버린 것들은 아름답다
잘못 태어나버렸음에도 끝없이 손을 뻗는
강인하고 탐욕스러운 것들은 더욱 아름답다
황금빛 용암이 하늘에서 흠뻑 흘러내리는
지독한 여름에
해바라기들은 더욱 꼿꼿하게 우뚝 서서
그 열중의 계절을 통째로 마셔버린다

마치 사막지방의 전사들처럼
심지어 줄기를 만져보면 튼튼한 뼈가 느껴질 정도로
노랗고 붉고 검은 그 강한 식물(아, 젠장……)들은
갈증으로 포효하며 빛으로, 태양으로, 열기로
그들은 도대체 발도 없으면서!
그리하여 그들의 불타는 얼굴을 쳐다보면 그것은 차라리,

아, 그러나, 오히려, 그렇기 때문에
철이 바뀔 때 즈음 그들의 죽음은

느리지도, 비겁하지도, 서서히 찾아오는 것도 아니다
그 태양의 투사들은 천천히 시들어가는 것을
단칼에 거부하였다. 북유럽의 바이킹처럼
그들은 전쟁에서 단숨에 죽는 것을 선택하였다.

현대의 도시인들은 해바라기에게서 죽음을 배워야 한다고
나는 강력히 주장했다.
삶이란 죽음까지의 투쟁을 뭉뚱그려 포괄하기에
향일성의 죽음이란 곧 향일성의 일생에 의해서만
위대하게 탄생하는 것이다. 침대에서 침침한
눈을 감으며 비겁했던 삶을 회상하고 정신없이
망각 되어가는 사치는
점점 더 인간을 생명 아닌 것으로 만들고 있다.

드물게 찬바람이 불던 어느 밤, 처소에서 나가보니 전날
까지만 해도 눈을 부릅뜬 채 노랗게 불타고 있던
해바라기들의 머리가 모조리 새까맣게 변해
깊숙한 땅을 향하고 있었다.
그들은 날카로운 칼로 배를 찢긴 것처럼

가죽 속의 내장을 피와 함께 온통 토해놓은 것처럼
수없이 많은 씨들을 주변에 쏟아내고
모조리, 일제히 죽어있었다.

나는 그 잔혹하도록 정직한
괴물들이 태양을 향해 손을 뻗고 광기의 함성을 지르던
여름을
영원히 기억한다.

광명과 저주

손에 넣을 수 있는 영광들이 있다
심지어는
손을 뻗지 않아도
등 뒤를 쫓아오는 영광들마저 있다.

오만을 충족시킬 미래가 있고
오만하여야 할 현재가 있다는 것을
스스로, 알갱이만 남은 무수한 과거들로
나는 확신했다.

그러나 세계에는
단지 앞면과 뒷면뿐만이 아니라
비가시의
일체의 신비주의를 벗어낸
신비가 있음을

나는 곁눈으로 알아버렸고

순식간에 이 다리는 잿더미가 되어
무너져 내릴 상황에

직면했다.

내가 본 세계의 모퉁이에서
영광이란 모래로 쌓은 산이었고
나의 오만이란 너무 많이 알아버린 자의
무지였다

그리고 내가 삶으로 끌어들였던 그 명백한 죽음
죽음들

나는 나의 실존에, 앙드레 지드를 빌어
〈단 한 점의 희망도 없이 완전히 만족하여〉 죽을 수 있음을
분명히 믿었었는데

과거에 나는 수도 없이
불행하다고 외쳤었는데
과거에 나는 아무 거침없이
주인으로서 세상 모든 생명을

농익어 떨어지고 폭발한 과실들을 짓밟고 지나다녔는데

여기 이상한 고통이 있다
이 고통과 갈증은 갈아도 갈아도 소진되기는커녕
더 거대한 원기로 빛나기만 하기에
나는 당장 불행하다.

이제 나는 오로지 인간으로서, 죽음으로
돌격할 수도 없기에

나는
나약하다.

다음 장으로

지도를 읽는 법

그들이 말했다
이 길이다,
이 밖의 모든 길
저열한 자멸의 걸음걸이뿐이니
손과 구두에 흙을 묻히지 말고
백로여, 너
까마귀 노는 곳에 가지 말라,
고

그래서 그들이 말했다
이 길이다,
밑으로 가자, 모든 무덤과
썩은 기름과 비탄 아래로
창부의 흐느낌과 살인자의 신념 속
용암 같은 원초는
틀림없이 이쪽이리라,
고

무진장의 그들이
이 길이다, 이 길이다,

이밖에는 길이 없다……

　그러니까 그들은 말했다
　말했고,
　고함쳤고 웃었고 울었고
　살았고 죽었고 춤을 추었고

　그렇게수없이난길인지길아닌지알수도없는땅을구르고 구르고또구르다지쳐
　쓰러지고서

　그들이 말했다, 고
　내가 말했다.

*

그리고

지금 여기에서

*

평균값

수요일,
지정석이 생길 만큼
뻔질나게 드나든
싸구려 호프집

친구와 나는
멍청한 짓을 저질렀고
다른 하나는
말리려다
더 멍청한 짓을 저질렀고
지켜보던 한 놈은
참다못해
미친놈 마냥
박장대소를 터트렸다.

우리는
숨이 끊어지도록 웃었다

빈말이 아니라
숨이 쉬어지지 않았다

사람이 네 명
셋은
머리 꼭대기까지 취했는데
나는
술이라고는
단 한 방울도 마시지 않았다.

닭 쫓던 개새끼

이름 모를 나무들 산능선 따라 끝 간 데 없이 무성하고
둥글고 모난 주둥아리 푸른 잎사귀들
숨막히는 여름 청천
찔러대는
모습에

나는 토하고 싶어졌다
피나 슬픔
슬픔이나 피
그런

흉골 안쪽에 돋은
뼈로 된 가시
가시들, 더러는
정신……

아픔을 몰라
괴로움이라
이름 붙은.

붉은 벽돌 난간에 앉아
나는 기다렸고
가죽 안팎을 태우며
갈망했고

다이아몬드인 듯
흰 섬광 빛나는
잎이 하나
있었
고

머리 위
구름이 흐르자
그건 그냥
푸른 잎이었다.

뜰채 하나 들고

연못에
잉어 시체가 떠있다
아니
잉어
송장이
떠있다.

은빛으로
일렁일렁
뒤집어져
번쩍이며
죽어있다

개구리밥이며
나뭇가지
물이끼
따위를
걷어내다

건져

풀숲에 던져버렸다

이달 초
연못에 푼 은빛 잉어는
열 마리

여섯 마리는
여기 어딘가 있고
네 마리는
풀숲
어디에 있다

여름 태양에
잉어 비늘이 찬란하다

이것들은
왜
눈 감을 줄을 모르나

손가락에서

비린내가 난다

연못이
탁하다.

섧고 추하고 고독하고

옆 동 사는 아저씨가 새벽부터 지랄이다
새벽부터
60분 주기로 옥상에 올라서서는
야 이 씨발년들아
받들어! 총!
씨발년들아!
받들어! 날
받들어!

담배 태우러 나갔더니
동네 사람들 웅성웅성
집단을 군중을
대중을 뭐 그런 걸 이루고
웅성웅성
누구는 112에 전화를 하고

당신들 이 동네 몇 년 살았습니까?
다들 수십 번씩
드러낼 거
다 드러내 놓고서는……

그렇게 모여있으니
담배도 못 피우겠잖아

시간은 얼추 오후 두 시
아저씨 다시 한 번 옥상에 나타나고
오우, 쒯
오 마이 갓
오케이, 쏘리

낄낄낄

나는 담배에 불 붙이고

아저씨
받들어줄 사람도 없이
퇴장.

그땐 그랬지 같은 말 하지 맙시다

그곳이 네 번째 술집이었을 것이다
정신 따위는 남아있지 않았고
문을 열자 딸랑거리는 종소리가 났고
손님은 죄다 흑인이었다
대충 열 명 정도

더 있었을 수도 있고.

바테이블에 앉아 럼주를 시켰다
바텐더도 흑인이었다
직후 흑인 남녀가 내 옆자리에 앉았고
술을 시켰다

바텐더는 남녀에게 술을 가져다주었는데
내 술은 없었다

이봐요
내 술은?
아, 금방
가져올게요

곧
옆자리 남녀에게 두 번째 잔이 서빙되었다
여전히 내 술은
없고.

미쳤던 게지.

자리에서 일어나
야 이 애미랑 씹질할 깜둥이 새끼들아
라고
그네들 말로 외쳤다

뭔 일이 있었는지 잘 기억은 안 나는데 아무튼 나는 가게 뒤쪽 쓰레기장에 누워있었고
어디가 아프지는 않았다

달도 별도 없는 밤하늘 멀뚱멀뚱 쳐다보다가
술이나 먹으러 가기로 했다
술기운 떨어진다고 몸에서 싸이렌 울리더라.

좁아터진 골목 거리
네온싸인 켜있고 술집이면 그냥
그냥 직입
직입했는데

들어오지 마세요
예?
술 안 팝니다
예?
출입 금지라고 저번 주에 분명히 말했습니다
술 안 팔아요?
들어오면 경찰 부를 테니 빨리 나가세요
그럼 뭐
별 수 없지
말 잘 듣는 모범 시민은 야간버스 타고 집에나 가야지

아침도 지나고, 정오
하여간에 만사에
도움이 안 되는 고깃덩어리, 온몸이 더럽게
빌어먹게 아프고

얼굴은 왜 이래
강판에다 간 것 마냥

히,
희,
희희,

집 안은 썰렁하고
부엌에는 아침이 차려져 있고
밥 집어먹다 창문을 보면
어제처럼, 엊그제처럼, 늘상 그랬던
것처럼
구두들은 결연히 전진한다

몸은 변기를 붙잡고 뭔지도 잘 모를
어떤
중요한, 부수적인, 무거운, 한없이 가벼운
것을……

에이

씨
몰라 숙취 때문에 오바이트 했다.

이게 아마
5년 전인가 6년 전인가
백 년 전인가
억겁 전인가
내 기억이 맞기는 한가

어쨌거나
그 동네 아직도 딸랑딸랑
현관 종소리 딸랑딸랑
끝이 없다던데

출입 금지자 목록에 내 모습 올려놓은
그 절박하던 사장들은
어쩌면 나만큼
어쩌면 나보다 더
절박하게
무언가를 찾고 있었는지도 모르겠다

그렇지 않고서야
왜 거기다 둥지를 틀겠어
하기사 거기
끝 간 데 없이 헤매다 보면
뭐 반짝거리는 게 많기는 하다

그래,
빛나는 건 아니고
반짝거리는 거

두들겨 맞을 때 안구 속에서 번쩍이는
섬광 같은
대충 그런 거

그 술집도 이젠
없다, 없을 것이다
없겠지
아마.

아세트아미노펜이

그러니까
펜잘이나 타이레놀
뭐 그런 거

그런 게 마음의 아픔도
공포나 불안 같은 거
뭔지 알지 그런 거

달래
준다고
과학자들이 그랬더라고
친구가 말했다

마침 번민하던 차에
그래서, 그거
번민에도 듣냐
물어봤더니만

그런 것 같다는 연구 결과가 있다고
그런 것 같댄다

염병
약 먹고 행복해질 것 같았으면
내가 인마,
진즉,
아,
됐다 인마…….

고개 들자
비구름이 짓누르는
얕은 산 능선
에
조명 더럽게 밝은
골프장

잔디 한번
잘도 깎아놨네

불 밝다
밤이다
자자

몹시도 풍요롭게

1.
나는 자랐다
잘났다
아니 자라진 않았고
잘나지도 않았는데
그러니까 뭐 하나 제대로 한 게,
제대로인지 똑바로인지
아니,
쌍……

그만두고,

분명
풍요롭기는
했다

반쪽짜리 한반도를
집게처럼 벽과
지붕 찾아
맴도는

가족
들 쫓아

길거리와 이삿짐 트럭
이 풍요로웠다

야 이 씨발 너 눈깔
왜 그렇게 떠 하며
서로 두들겨 패다
다구리 치러 오는 학우
들이
퍽도 풍요로웠다

장마철 빗물이야
더 말할 것도 없이
빈곤한 우리 살림
다
물빛으로 적실만큼

집 안을 도배한 차압

딱지만큼
아주 그냥
어?
넘쳐흐르게
풍요로웠다
고

더 필요할 게
아무것도
전혀
없었
다
고

2.
열병 걸린 동생
잃어버린 지갑
셔터 내린
약국

눈물 증오에
저주,
그림자며 꿈
속에서만
미광을
보이는
애정

그리고
병과 병
모조리 마셔버리고
담아두는
주머니
등등

그따위
수두룩한
것들이

몸서리쳐지게

풍요로웠다

육신과 영이
황홀하게
얇아져 가도록.

3.
하여 빈곤은
그리도 시기적절하게
속삭여왔다

그의 말대로
나는

일체는
일체를
하나
하나
거꾸로

엎기
시작했다

보아하니
나무가 하늘에
뿌리를 박아도
하늘과 땅을
엎어놓으면

발이 땅을 밟으면

술주머니가
위아래를 잃으면

그러면
몹시도,

서로,

그래서

이게 시냐?
이게 시냐고
시라고 할 만한 형태가
남아있는 게 없잖아.

그리고
니가 인간이긴 하냐?
인간이라고 부를 만한 게
생긴 꼬라지밖에 없잖아.

이 새끼 이거 계속 사람 신경 긁어대네

거울
내 것도 아니고
깨트리면 물어내야 하는데.